Zeichnungen · Grundrisse · Anmerkungen ·

MÜNSTER

Huldigung an eine liebenswerte Stadt

MÜNSTER
Stadtkern und das Gefüge der Altstadtmärkte · Vogelschaubild · 1985 ·

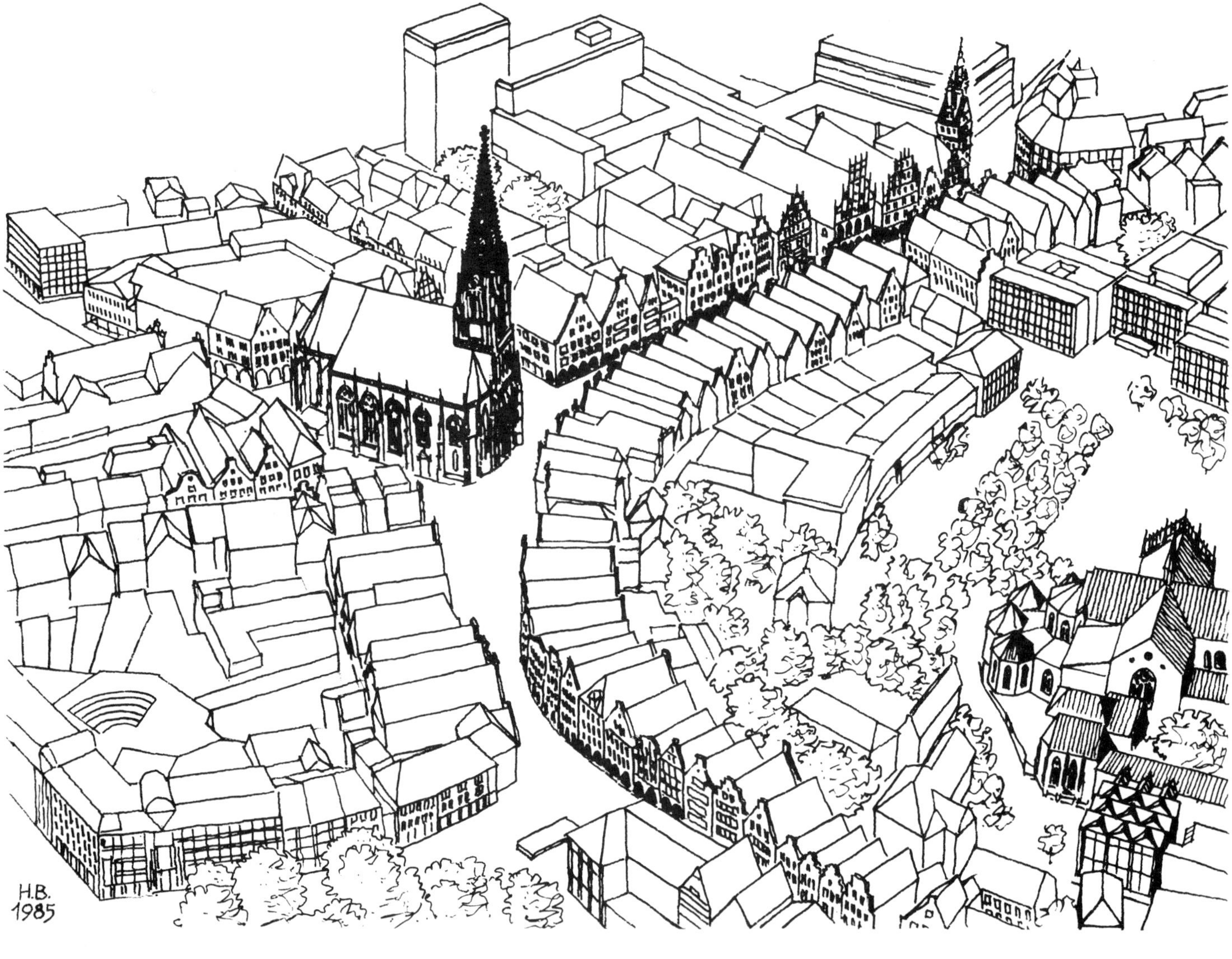

Zuspruch 1950:

HALTET HOCH DAS GUTE VOM ALTEN
FÜR DAS GUTE VOM NEUEN SETZET EUCH EIN !

Ein säkularer geschichtlicher Prozeß hat Städte geformt. Darum hat jede von ihnen ihr besonderes Antlitz und ihren besonderen Geist: den Geist der aufstrebenden Tüchtigkeit oder den der geschichtsträchtigen Fülle, den Geist der nüchternen Facharbeit, den des weltweiten Handels oder den der eleganten Lebendigkeit. Und auch eine Seele hat die Stadt: eine ernste, eine heitere oder eine tapfere Seele.

Hans Freyer · 1963 ·

MÜNSTER
Panorama der Stadtkrone vom Stadthaus II.

MÜNSTER · Wehrring ~1250 ·
Buddenturm vom Breul: 1540 „in dem Broyell" = Bruch · H.B. 1985 ·

Ricarda Huch · Im Alten Reich · 1927:

Von allen Städten Westfalens ist MÜNSTER die vornehmste, ja in ganz Deutschland gibt es keine, die ihr darin gleichkommt. Den Panzer der Mauern und Türme hat sie abgeworfen; nur zwei Zeugen mittelalterlicher Wehrhaftigkeit sind noch vorhanden: der Buddenturm und der Zwinger. Das häusliche Gewand jedoch, das die Stadt trägt, hat noch etwas von einer Rüstung: es ist streng im Schnitt, und die Juwelen, die es schmücken, drängen sich dem Blick nicht auf. Die Häuser sind im allgemeinen schlicht, aber auch die ärmlichen sind nicht schäbig, und auch die reichen sind zurückhaltend. Der Farbenton des Backsteins, der vielfach zur Verwendung kommt, ist eine burgunderdunkle Glut, ein Feuer, das Stolz gedämpft hat.

Da, wo das Ganze zum Ausdruck kommen soll, wird Pracht entfaltet, aber die Noblesse der Linie kühlt sie. Hat der Giebel des Rathauses etwas Flammendes, so hat er auch das Unnahbare dieses Elementes.

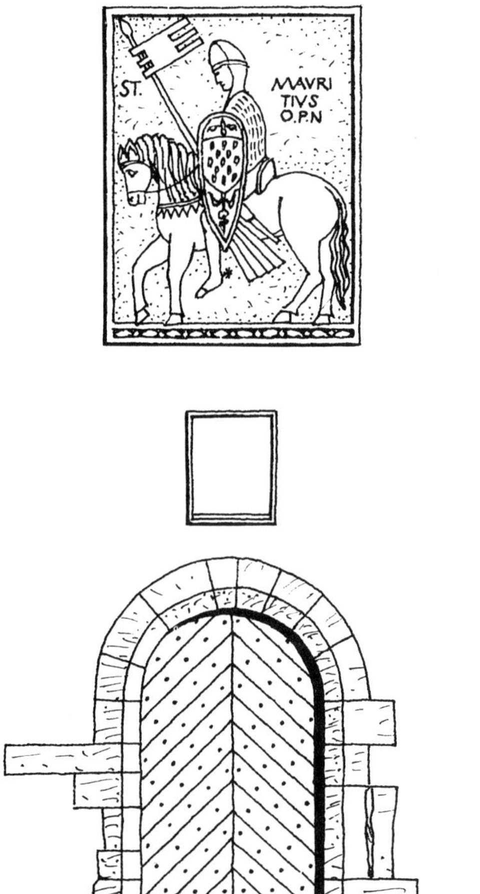

Eingang zur Grabkapelle des Bischofs Erpho 1084–1097. Bauherr des 2. (ottonischen) Domes. Darüber Sandsteinrelief von 1945.

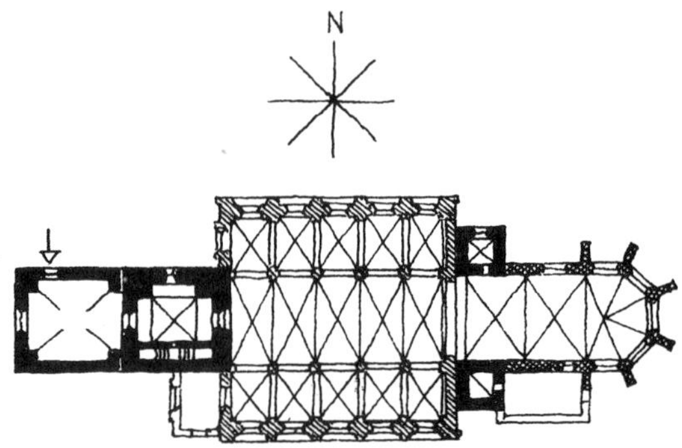

Grundriß Mauritzkirche ·1070·1470·1860·

MÜNSTER
Stiftskirche St. Mauritz
HB
1985

Der alte Name für die Stätte am Münster war MIMIGERNEFORD, das heißt Furt am Hügel des Mime. Die Furt bezieht sich auf das Flüßchen Aa, dessen alter Name Ahwa Wasser bedeutet, und Mime hieß wahrscheinlich der Gott, der auf der Anhöhe angebetet wurde. Die erste Besiedlung der Gegend bestand aus vier großen Höfen, die Karl der Große mit der Gründung des Bistums dem Bischof schenkte.

Im elften Jahrhundert verschwand der altgermanische Name vor dem Namen MÜNSTER, der ursprünglich nur für das Monasterium galt, für die erste klösterliche Niederlassung des heiligen Ludger.

Ricarda Huch ·1927·

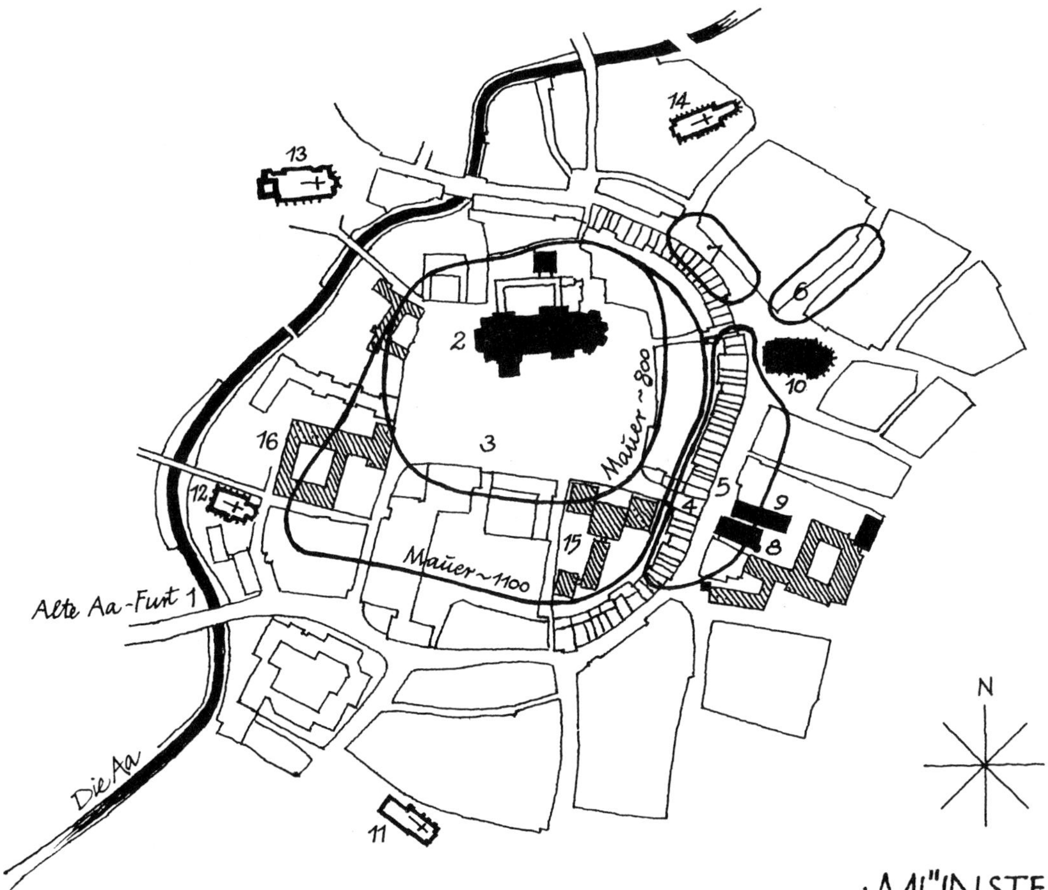

Legende:
1 Alte Aa-Furt
2 Dom
3 Domplatz
4 Michaelspforte
5 Prinzipalmarkt
6 Alter Fischmarkt
7 Roggenmarkt
8 Rathaus
9 Stadtweinhaus
10 Lambertikirche
11 Aegidiikirche
12 Petrikirche
13 Überwasserkirche
14 Apostelkirche
15 Regierung
16 Universität

·MÜNSTER·

Grundriß Altstadtkern + Burg · Domfreiheit · Frühe Marktsiedlung +

HB
1985·

Legende:

- Karolingischer Dom
- Ottonischer Dom
- Staufischer Dom
- Spätere Ergänzungen

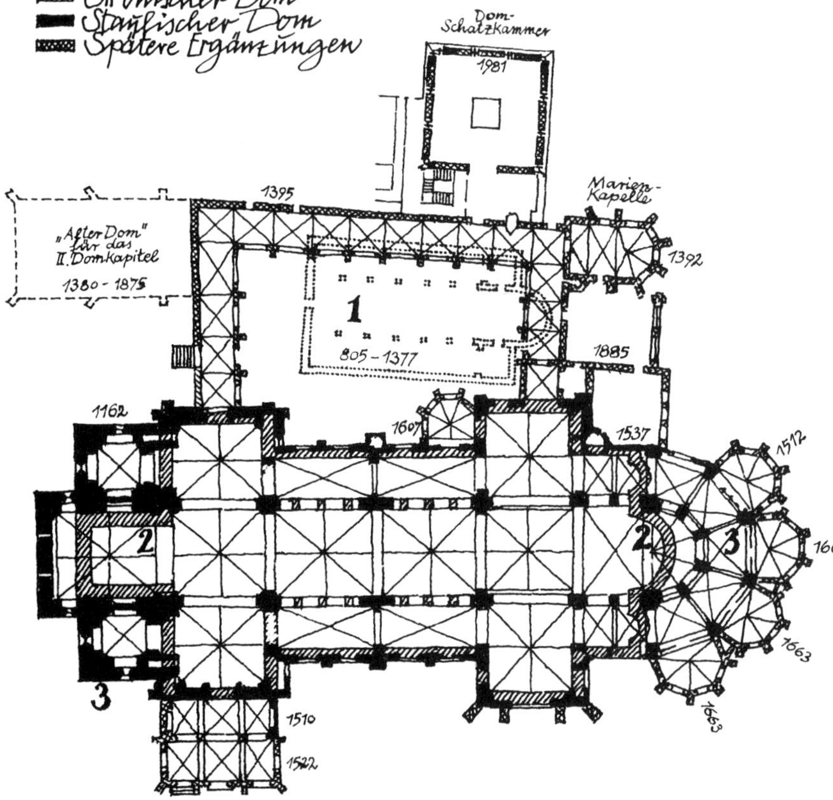

Bauten und zeitliche Baustufen:

805 **1**. (Karolingischer) Dom Liudgers.
980 – 1090 **2**. (Ottonischer) Dom:
Langhaus und Querschiffe von Bischof Dodo (969 – 993) erbaut. Westturm und Chor als Ergänzung und Einweihung 1090 von Bischof Erpho (1085 – 1097) durchgeführt.
1162 – 1265 **3**. (staufischer) Dom:
Neues Westwerk mit den mächtigen Doppeltürmen unter Bischof Friedrich II. (1152 – 1168) begonnen und unter Bischof Hermann II. bis auf halbe Höhe aufgeführt. 1225 feierliche Grundsteinlegung von neuem Langschiff und neuem Chor durch Bischof Dietrich von Isenburg (1218 – 1226). 1265 Einweihung durch Bischof Gerhard von der Mark (1261 – 1272).

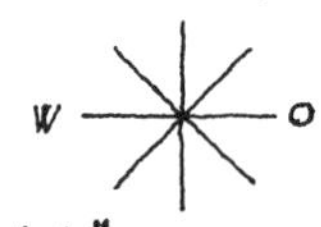

MÜNSTER.
Grundrisse auf dem Domhügel
Die drei aufeinander folgenden Bischofskirchen und das Wachstum des Domes

Marienkapelle · Domtürme · Schatzkammer ·
Am Horsteberg
MÜNSTER ·

Der Dom zu MÜNSTER · Südturm und Paradies ·

In Bronce gegossene Erinnerungstafel zur Wachhaltung des Geschichtsbewußtseins

RESTE DER ÄLTESTEN BURGMAUER
MIMIGERNEFORDS
FRÜHESTENS 796
SPÄTESTENS VOR 1100 ERBAUT

MÜNSTER · Mauerrest der mittelalterlichen Domburg · Südseite der heutigen Domgasse

Ricarda Huch · 1927:

Das Weichbild MÜNSTERs, das um den alten ummauerten Domhügel herum erwachsen war, erhielt um die Zeit, als mit der Ausübung von Landfriedensgerichten durch die Freigrafschaft MÜNSTER neue Verhältnisse sich ausbildeten, Mauern und Stadtrecht. Ihr Recht nahmen die Edelleute, Freigrafen und Freischöffen von dem älteren Soest. Es begann ein rascher Aufstieg durch Handel und im Anschluß an die Hanse. Nach dem fernen Osten hatten Bürger von MÜNSTER früh Beziehungen; in Riga hieß das Versammlungshaus der Kaufmannsgilde „DIE STUBE VON MÜNSTER". Zum Schutz der Märkte und der reisenden Kaufleute verbündete sich MÜNSTER zuerst mit dem nahen Osnabrück, dann auch mit Soest, Dortmund und Lippstadt, den bedeutendsten westfälischen Handelsstädten. – In MÜNSTER waren die in Gilden zusammengeschlossenen Handwerker von demselben freiheitsstolzen und unbeugsamen Geiste beseelt wie der Adel. Die herrlichen Giebelhäuser am Prinzipalmarkt tragen das Gepräge gesicherten Wohlstandes und begründeten Selbstbewußtseins.

Hansekogge
Modell:
Rathaus-Bürgerhalle
MÜNSTER.
HB
1985.

Das Rathaus mit seiner reichen Schaufront ist das bedeutendste weltliche Bauwerk der Gotik in Deutschland. Der Steinbau, 1250 erstmals als „domus civium" und „borgerhus" erwähnt, Nachfolger eines Fachwerkbaus, erhielt 1335 seine berühmte Werksteinfront zum Prinzipalmarkt. Im zerstörerischen Inferno des II. Weltkriegs 1944 untergegangen, ist sie durch Opfer und Bürgermut 1958 in alter Schönheit auferstanden.

Erbaut als Haus der Bürger war das Rathaus das größte und schönste der Bürgerhäuser. In der Mitte des Hauptmarktes gegenüber dem Michaelstor zur Domfreiheit hin zeigte es dem Bischof und späteren Landesherrn, daß hier die CIVITAS beginnt, daß sich in der hochgefügten Fassade Recht und Reichtum der freien Bürgerschaft repräsentieren. Die doppelköpfigen Adlerschilde im Giebel und vor der Mitte des Richtertisches der Ratskammer, heraldische Hoheitszeichen des „Heiligen Römischen Reiches Deutscher Nation" mögen als Symbole der Freiheitssehnsucht dieser Stadt gegolten haben.

Wiewohl MÜNSTER lange Zeit mit Kaiserlichen Privilegien versehen gewesen ist, bleibt der Stadt auch 1648 noch der Status einer freien Reichsstadt vorenthalten, worauf sie ihrem Rang entsprechend immer wieder gehofft hatte. Nach dem 30-jährigen Krieg erhebt der Fürstbischof Anspruch darauf, auch Stadtherr zu werden. Die Stadt verteidigt ihre Selbständigkeit, unterliegt aber nach mehrjährigem Kampf und verliert 1661 alle Rechte. Der Rat wird entmachtet, in die Bürgerhalle wird die bischöfliche Hauptwache gelegt. Westlich der Stadt errichtet der neue Stadtherr ein starkes Befestigungswerk, die Zitadelle „zum Schutz der Bürger" an jener Stelle, an der später der kurfürstliche Oberbaumeister und Generalmajor der münsterischen Artillerie, Johann Conrad Schlaun, das fürstbischöfliche Schloß erbaut. Der Traum der Stadt MÜNSTER von der reichsunmittelbaren Bürgerfreiheit ist endgültig ausgeträumt.

H.B.

MÜNSTER
Rathaus
Michaelspforte
25.10.1972

Friedrich Schiller 1791:

Ein dreißigjähriger verheerender Krieg, der von dem Inneren des Böhmerlandes bis an die Mündung der Schelde, von den Ufern des Po bis an die Küsten der Ostsee Länder entvölkerte, Ernten zertrat, Städte und Dörfer in Asche legte. Ein Krieg, in welchem mehr als dreimal ~~hun~~ hunderttausend Streiter ihren Untergang fanden, der den aufglimmenden Funken der Kultur in Deutschland auf ein halbes Jahrhundert verlöschte. — — Der eintretende Winter (1648) nötigte endlich die Belagerer (von Prag) in die Winterquartiere, und in diesen erreichte sie die Botschaft des zu Osnabrück und MÜNSTER am 24. Oktober unterzeichneten Friedens.

Was für ein Riesenwerk es war, diesen unter dem Namen des Westfälischen berühmten, unverletzlichen und heiligen Frieden zu schließen, welche unendlich scheinenden Hindernisse zu bekämpfen, welche streitenden Interessen zu vereinigen, welche Reihe von Zufällen zusammenwirken mußte, dieses mühsame, teure und dauernde Werk der Staatskunst zustande zu bringen, was es kostete, die Unterhandlungen auch nur zu eröffnen, ..., was durch dreißigjährige Anstrengungen und Leiden von jedem einzelnen Kämpfer gewonnen oder verloren worden ist und welchen Vorteil oder Nachteil die europäische Gemeinschaft dabei mag geerntet haben, muß einer anderen Feder vorbehalten bleiben. So ein großes Ganzes die Kriegsgeschichte war, so ein großes und eigenes Ganzes ist auch die Geschichte des Westfälischen Friedens. —

~1250 · 1335 · 1648 ·
· 1944 · 1958 ·
· 1985 ·
HB

Rathaus zu MÜNSTER · Friedenssaal ·

Ludwig Humborg : Der Prinzipalmarkt · 1973:

Der Prinzipalmarkt wird zum ersten Male in einer Kaufurkunde vom 21. März 1611 als „prinzipal markt" bezeichet zum Unterschied vom Alten Fischmarkt und Roggenmarkt, die an der Markt- und Stadtkirche St. Lamberti mit diesem Hauptmarkt zusammenstoßen. Im Mittelalter hieß er kurz „de marckede" oder „dat markt", bei Kerssenbroick um 1575 „forum generale" oder einfach „forum".
Schon 1184 werden die „lobiae", die Lauben erwähnt. Die Reihe dieser Arkaden, der Bogen, war etwa um 1250 geschlossen. Achtundvierzig Markthäuser umsäumen diesen einmaligen Raum. Alle Häuser sind dreigeschossige Giebelhäuser, die Schulter an Schulter stehen und die bezaubernde Zickzacklinie bilden.
Die „gute Stube" ist eine vornehme Visitenkarte.

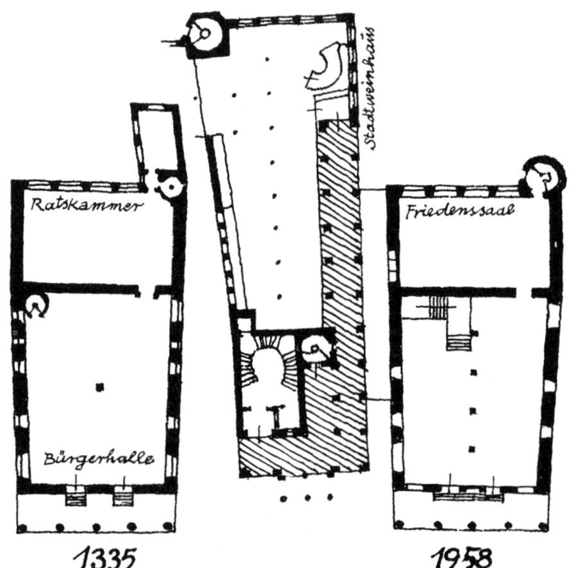

1335 1958
Grundriß des Rathauses MÜNSTER

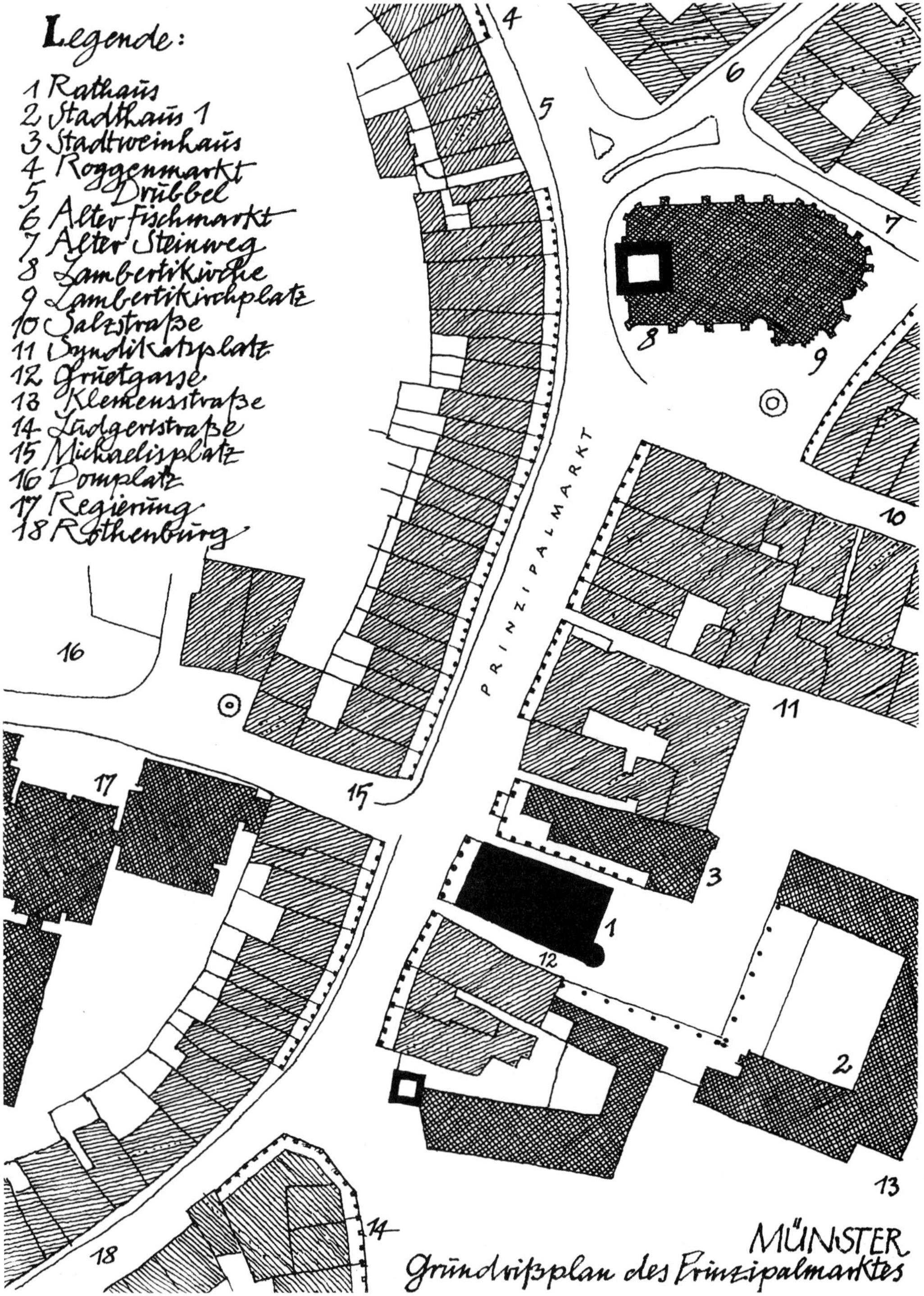

MÜNSTER
Grundrißplan des Prinzipalmarktes

MÜNSTER.
Prinzipalmarkt
mit Lamberti + Rathaus
22.10.1972

In furchtbaren Bombennächten und Tagangriffen sank MÜNSTER 1943 bis 1945 in Schutt und Asche; Kirchen und Häuser stürzten ein, aus Trümmerbergen starrten in der verstümmelten Stadt Ruinen in den Himmel. Wie ein Wunder erscheint schon 1960, 15 Jahre später, der Wiederaufbau nahezu vollendet: Dem Phönix gleich hat sich die Stadt wieder verjüngt und aus der Asche erhoben – Geist beflügelt das Leben. Narben, Neuwuchs und Notwendigkeiten haben das städtebauliche Gesicht gewandelt aber nicht entstellt. MÜNSTER hat seine Identität bewahrt und neuen Glanz hinzugewonnen. – – – H.B.

Die entscheidende Wirkung beim Wiederaufbau des Prinzipalmarktes nach den Zerstörungen geht von der Wiederherstellung der raumbildenden Elemente aus. Weil der aus dem Mittelalter überkommene städtebauliche und architektonische Maßstab unangetastet blieb, wirkt der Raum heute wie eh und je in seiner historischen Qualität. Niels Gutschow

Wiederaufbau · Sanierung · Stadtentwicklung — Münster · Hattingen · Kempen 1982

Fischmarkt · Lambertikirche ·
Prinzipalmarkt
MÜNSTER ·
jpc
HB
1985

1946 · Stadtbaurat Heinrich Bartmann ·
Grundzüge des Wiederaufbaus von MÜNSTER :

Die Altstadt ist das Herz und der geistige Mittelpunkt der Stadt. Der Grundriß der Altstadt ist zu erhalten. Änderungen dürfen nicht zu einer Vergröserung der räumlichen Gestaltung führen. ·

· Die Mittel der Stadtbaukunst – Maßstab, Proportion, Gefüge, Einheit und Kontrast sind so zu handhaben, daß jeweils das Wesentliche entschieden zum Ausdruck kommt. ·

· Den Grundakkord für den Aufbau geben die erhaltenen Gebäude. Die Neubauten sollen den Maßstab und den Rhythmus dieser Gebäude aufnehmen. Der Wert jedes Bauwerks beruht weitgehend auf Klarheit und Wahrheit im ganzen Gefüge. ·

· Ergänzungen alter Bauten sind mit größter Sorgfalt durchzuführen. Neue formen sollten aus dem unsterblichen Geist der Landschaft geprägt werden. ·

· Schönheit im Sinne einer höheren Ordnung sei das Ziel. Sie kann mit den schlichten Mitteln unserer Zeit verwirklicht werden. Echte Schönheit der Stadt entspricht dem gesunden menschlichen Bedürfnis nach einer sichtbaren Ordnung der Dinge. Sie verleiht Lebenskraft und Lebensschwung ·

BONUS INTRA · MELIOR EXI ·
· Tritt als Guter ein –
Gehe als Besserer hinaus ·
Eingangsspruch zur Sakristei

Die Lambertikirche von 1375 bis 1450 erbaut, die dritte Bürger- und Marktkirche an dieser Stelle, städtebaulicher Blick- und Drehpunkt der drei Stadtmärkte, – des Prinzipalmarktes, des Roggenmarktes und des Fischmarktes –, getragen von hansischem Stolze und dem Willen der Bürger, gegenüber dem benachbarten Domkapitel ein weiteres und weithin sichtbares Zeichen eigenen Reichtums und Selbstbewußtseins aufzurichten.

Harald Seiler · 1948 ·

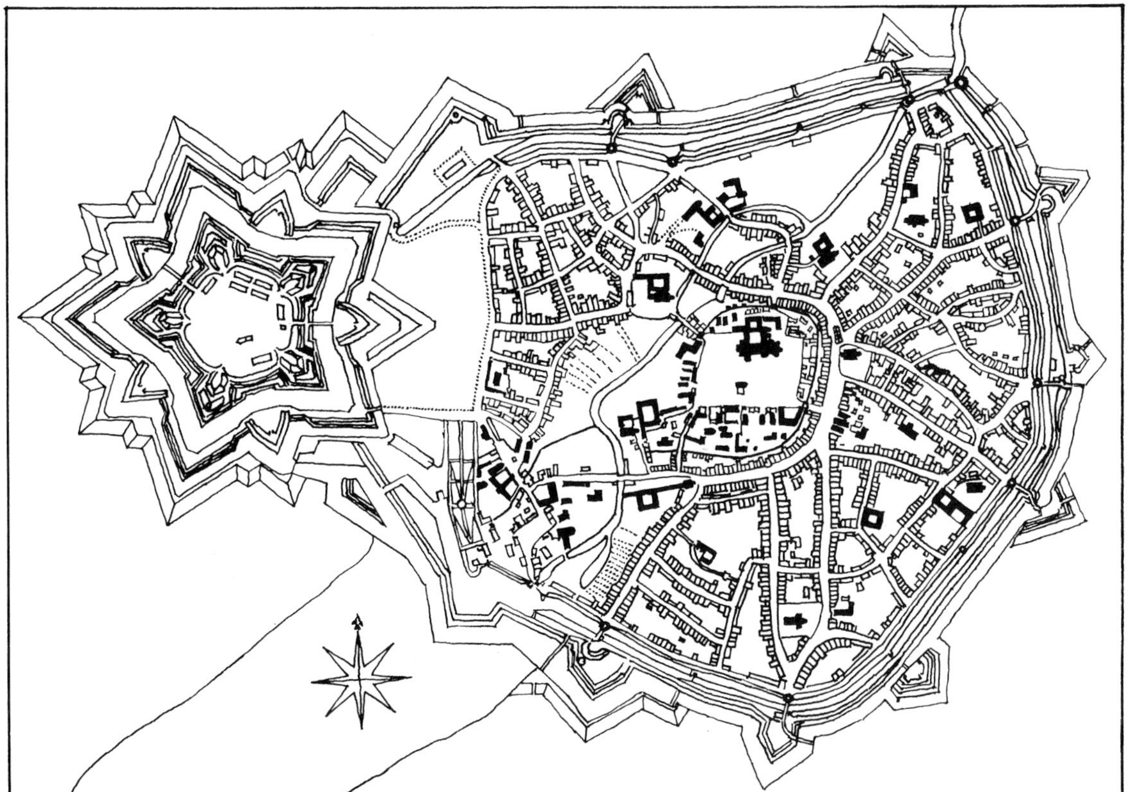

MÜNSTER 1695.

„Planüm der Vornehmen Handels-ündt Haübt Stadt MÜNSTER 1695". Stadtgründriß mit mittelalterlicher Maüer, Wällen, doppeltem Wassergrabenring ünd den barocken Festüngsschanzen. Im Westen die nach Teilabbrüch der Stadtmaüer 1661 von Fürstbischof Christoph Bernhard von Galen errichtete Zitadelle.

MÜNSTER
Hammer Straße
Blick auf
Ludgeri- und
Lamberti-Kirchen.
10. 3. 1978

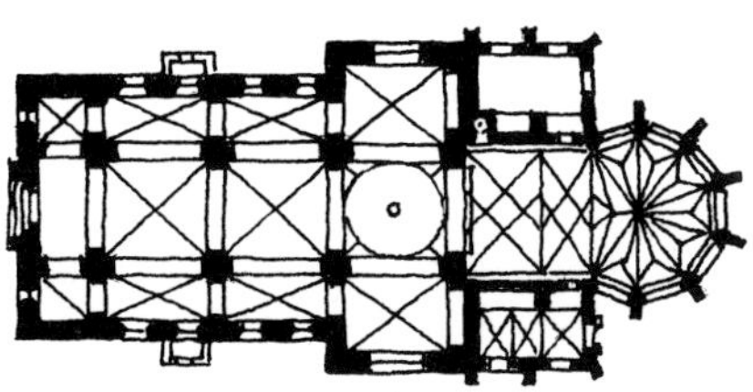
· Grundriß Ludgerikirche

Kirchtürme im Blickpunkt der Straße: wie von ungefähr gewachsen und doch auch gewollt. Immer hat der Besucher im Näherkommen eine Zielausrichtung. Die Hauptstraßen münden in der Stadtmitte, markiert durch die Bürgerkirche am Markt. Ihre Glocke im Turm ruft seit altersher nicht nur die Gläubigen zum Gottesdienst; dem hochragenden Kirchturm fällt immer schon auch die Aufgabe zu, Wahrzeichen der Stadt in das Umland zu sein. So weisen es die alten Stiche aus, so ist es heute noch sichtbar. —

Wie auch der Lauf der alten Landstraßen, gewunden und schlicht, den gewachsenen Formationen der Kulturlandschaft folgt: an entscheidender Stelle und für eine gewisse Wegstrecke erscheint der Hauptturm des Gemeinwesens offen im Blickfeld, geistlich, geometrisch und gastlich wirkend, Werbung und Orientierung zugleich.

Landauf, landab in den Kirchdörfern und Landstädten sind gleichermaßen Wegeeinmündungen in altgewachsenes Siedlungsgefüge erkennbar, eröffnen Straßen charakteristische Blickpunkte, halten überraschend beglückende Ansichten bereit.

H.B.

Drüffel'scher Hof
Klassizistischer
Adelshof
von 1788.
Stoff markt
MÜNSTER:
Raumbildung Königstraße –
Rothenburg · Renaissance-Kaufmannshaus von 1583
HB
1985.

POST TENEBRAS SPERO LVCEM ·1564·
Nach Finsternis hoffe ich auf Licht. Spruch an der 1950 wiedererneuerten Renaissance-Werksteinfassade des Heeremann'schen Hofes.

REMOTA IVSTITIA QVID SVNT REGNA NISI MAGNA LATROCINIA ·1952·
Wenn die Gerechtigkeit außer Kraft gesetzt wird, sind Herrschende nichts als eine große Räuberbande. Wiederaufbauspruch an der Königspassage.

DILIGITE·IVSTITIAM·QVI·IVDICATIS·TERRAM ·SAP·1· Liebt die Gerechtigkeit, die ihr auf Erden sprecht. Buch der Weisheit 1,1. Bibelspruch auf dem historischen Kronleuchter in der ehemaligen Ratskammer (Friedenssaal).

AVDIATVR ET ALTERA PARS · MEN HOERE BEIDE PARTE · Auch die andere Seite soll angehört werden. Beide Seiten sind anzuhören. Spruch für Richter und Schöffen in der Ratskammer, als MÜNSTER noch die Gerichtshoheit besaß

EHR IS DWANG NOG · Ehre ist Zwang genug. Ricarda Huch: „Der Freie, der Edle erträgt keinen Zwang; aber er zwingt sich selbst." Spruch im Gildensaal des Krameramtshauses

Grundriß der Clemenskirche
von 1754

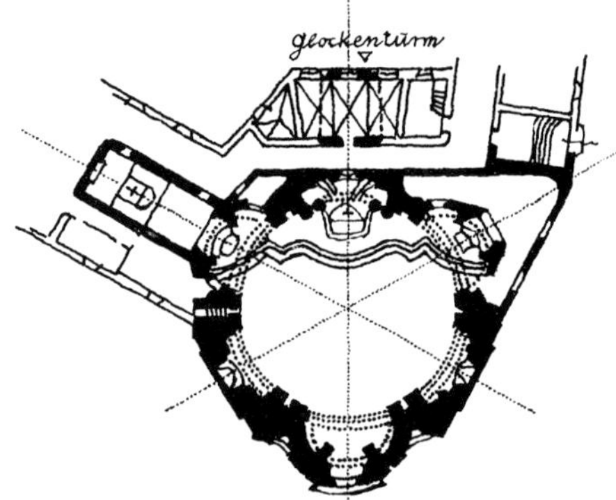

Die Clemenskirche stammt aus den Jahren 1745 bis 1754. Sie war die Kirche des Klosters der Barmherzigen Brüder, das 1811 von Napoleon aufgehoben wurde und seither nur noch als Krankenhaus – Clemenshospital – fortbesteht. Die Kirche ist ein Zentralbau auf kreisrundem Grundriß entwickelt. Ihr Baumeister Johann Konrad Schlaun hat sich wohl gewisser römischer Anregungen erinnert, zeigt sich aber hier wie überall in seinen Bauten durchaus unabhängig. Er führte dem münsterischen Barock einen starken Strom rhythmisch bestimmter Phantasie zu, der sich vollkommen sicher in Maß und Grenzen bewegt.

Harald Seiler · 1948 ·

Clemenskirche MÜNSTER · H.B. 1985

Wiedererweckung der Kommunalen Selbstverwaltung
durch den Wahlwestfalen Heinrich Friedrich Karl Reichs=
freiherrn vom und zum Stein in der Preußischen (Stein'
schen) Städteordnung von 1808:

„Das dringend sich äußernde Bedürfnis einer wirksameren
Theilname der Bürgerschaft an der Verwaltung des Gemein=
wesens überzeugen Uns von der Nothwendigkeit, den Städten
eine selbständigere und bessere Verfassung zu geben, ihnen
eine thätige Einwirkung auf die Verwaltung des Gemeinwesens
beizulegen und durch diese Theilname Gemeinsinn zu er=
regen und zu erhalten." Friedrich Wilhelm III. König von Preußen.

„§ 25: Jeder, der Bürger werden will, ist verbunden, dem
Magistrat den Bürgereid zu leisten und muß sich darin
verpflichten, diese Ordnung aufrecht zu erhalten und das
Beste der Stadt nach seinen Kräften zu befördern."

„§ 110: Die Vollmacht der Stadtverordneten sind das Gesetz
und ihre Wahl; ihre Überzeugung und ihre Ansicht vom
gemeinen Besten der Stadt ist ihre Instruktion, ihr Gewissen
aber ist die Behörde, der sie deshalb Rechenschaft zu geben
haben. Sie sind im vollsten Sinne Vertreter der ganzen Bürger=
schaft."

Der Reichsfreiherr vom Stein war
1784 Oberbergrat für das westfälische Berg- und Hüttenwesen,
1796 Oberpräsident der preuß. Gebiete in Westfalen + Niederrhein,
1803 Präsident der Kriegs- und Domänenkammer zu Münster,
1804 Preußischer Staatsminister f. d. Akzise- + Fabrikendepartem.
1826-31 Marschall des Westfälischen Provinziallandtages Münster.

Freiherr vom Stein Platz 1
· Landeshaus ·
MÜNSTER
· 1901 · 1944 · 1952 ·

21. September 1963:
UP USSEN HIÄRRGUODD VERLAIT ICK MI –
HE HÄT MI HULPEN DÖR MIENE FRÖNDE ..

Nach dem unheilvollen II. Weltkrieg, der im schönen MÜNSTER so vieles zerstört hatte, schuf eine freiwillige Gemeinschaft von Bürgern, Freunden und Nachbarn aus ganz Westfalen und dem Emsland aus eigener Kraft die volkskundliche Anlage des Mühlenhof – Freilichtmuseums. – – –
Alte Häuser und antike Sachen gibt es überall zu sehen. Seltener ist es schon, in den alten Dingen nicht nur die vergangene Zeit, sondern auch Wesensgehalt und Eigentümlichkeiten der Menschen von heute erkennen zu können.

Theo Breider · 1976 ·
Der „Baumester" vom Mühlenhof ·

Mühlenhaus · 1619 ·
Jetzt im Freilichtmuseum ·
Früher in Fresenburg / Ems · Niederstift MÜNSTER ·

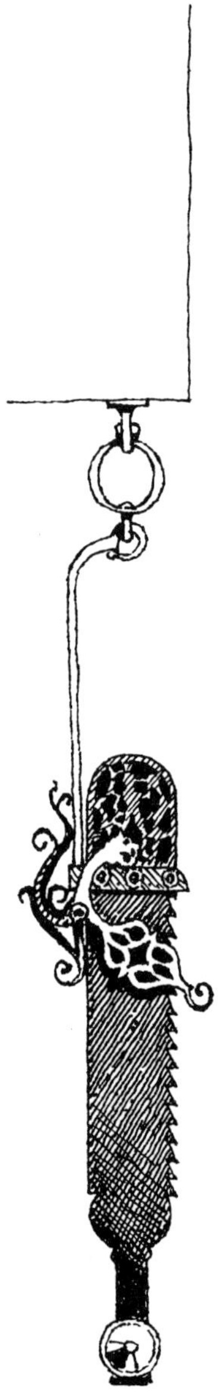

ZEIT ZEIT · NIEMAND ERKENNT DICH ALS
WER DICH VERLOREN HAT · Spruch von der
Sonnenuhr am Gräftenhof im Freilichtmuseum

DAT NIE HÖREN!
DAT AOLLE EHREN · DAT GUEDE MEHREN ·
DAT SLIMME WEHREN · 1619 Spruch ~~vom~~
Am Mühlenhaus im Mühlenhof-Freilichtmuseum

SIE
ALLEN DIE MICH KENNEN · GEBE GOTT WAS
MIR GOENNEN · + DIESEN WONNER (= Wohnung) UND MICH O HERR · BEWAR UMME
DINES NAMENS EHR · 1629 · Sprüche am
einzigen Giebel - Haus No. 48 - des Prinzipalmarktes, der das Bombeninferno des II. Weltkrieges heil überstanden hat.

OH MIEN LEWER GUODT · GIAEW DE ANNERN
DAT · WAT DE ANNERN MI UK SO GOENNT ·
Erbaut AD 1765 · Zerstört 1945 · Neu erbaut 1967 ·
Spruch am Fachwerkgiebel Buddenstraße 15.

MÜNSTER · Mühlenhof-Freilichtmuseum am Nordwestufer des Aasees
Hölzernes Zahnkranzrad der Mühle ... Wärterhütte des Bleichknechts · Surwold 18. Jahrh.

Dieses alte eichene Maschinen-Element wird ausschließlich durch Holzdübel zusammengehalten. Holz mit Holz quillt und schwindet. Dadurch wird für immer eine genaue und rissefreie Paßform gewährleistet.

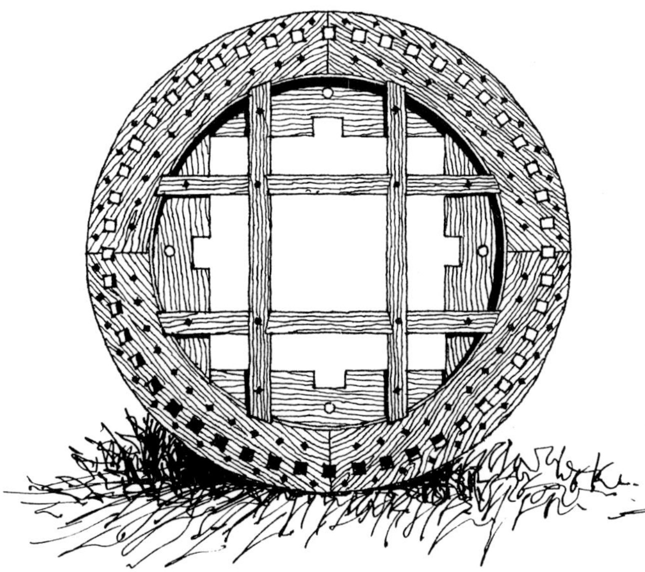

HB
1985
1790.
MÜNSTER.
Promenaden-Zugang zur Engelen-Schanze.

Wäre mein gutes Rüschhaus nicht,
was zwar nicht so schön, aber mir
doch noch heimlicher ist, ich würde
mich weniger fortsehnen als je ander-
wärts. Aber jetzt!
ET GIEFT MEN EEN MÖNSTER!

Annette Freiin von Droste zu Hülshoff
Abbenburg, 26.8.1839 in einem Brief
an Wilhelm Junkmann, Münster.

ARIA

Mich deücht, wenn ich voll Freüde,
Hier Hertz ünd Aügen weide,
Und bey den Blühmen steh:
Daß ich zü Dir mich schwinge,
Und Dich, Qüell aller Dinge,
Allgegenwärt'ger Schöpfer seh.

Gerührt dürch dieses Dencken
Wünscht sich mein Hertz zü lencken
Allein nach Deinem Sinn.
Leib, Seele, Geist ünd Leben
Will ich nür Dir ergeben.
Nimm, gegenwärt'ger GOtt, sie hin!

Singe Seele, GOtt züm Preise,
Der aüf solche weise Weise
Alle Welt so herrlich schmückt!
Der üns dürchs Gehör erqwickt,
Der üns dürchs Gesicht entzückt,
Wenn er Bäüm' ünd Feld geblühmet
Sey gepreiset, sey gerühmet!

Seele laß der Bäüme Pracht
Dich zü ihrer Folge leiten!
Süche Dich, aüf allen Seiten
In Gedancken aüszübreiten!
Laß dürch dieses holde Grün
Deiner Andacht Blühmen blühn,
Und des Lobes Früchte bringen!
Aüf! mit heller Stimm ünd Saiten
Unsern Schöpfer zü besingen,
Der die Erde fröhlich macht!

Barthold Heinrich Brockes
·1680–1747·

Angelus-Glocke
Klostergarten
Friedrichsburg
MÜNSTER
HB · 1985 ·

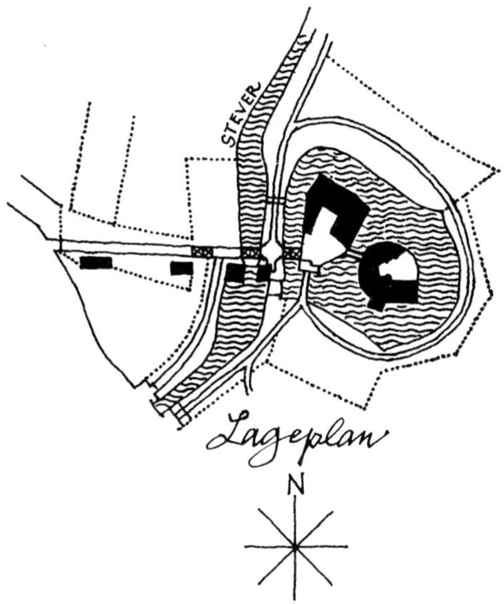

Lageplan

1250 · 1550 · 1720

Burg Vischering

Stadt LÜDINGHAUSEN ·

Ausstellung

Bilder + Madonna + Roter Stern

3.6.1973